LETTRE

A M. GUIGNIAUT

PRÉSIDENT DE L'ACADÉMIE

DES INSCRIPTIONS ET BELLES-LETTRES.

PARIS

IMPRIMERIE D'E. DUVERGER,

RUE DE VERNEUIL, N° 4.

1844

LETTRE

A M. GUIGNIAUT

PRÉSIDENT DE L'ACADÉMIE

DES INSCRIPTIONS ET BELLES-LETTRES.

MONSIEUR,

En arrivant à Paris, d'où j'étais parti il y a six mois pour aller explorer encore nos archives municipales avant de commencer l'impression du quatrième et dernier volume de mon *Histoire du Midi de la France*, je trouve le rapport fait sur ce livre à l'Académie des inscriptions et belles-lettres, et je m'empresse d'y répondre avec tous les égards dus au corps illustre que vous présidez et toute la modération d'un défendeur qui ne pense pas avoir tort.

Les trois premiers volumes de l'*Histoire du Midi* étant présentés au concours fondé par le baron Gobert pour les ouvrages qui contiennent le plus de recherches sur l'histoire nationale, de quoi s'agissait-il, d'abord ? Il s'agissait, si je ne me trompe, d'analyser ces trois volumes. Permettez-moi, Monsieur, de supposer un rapporteur sérieux et qui ne voit dans la mission dont on le charge d'autre intérêt que celui du droit, d'autres devoirs que ceux de l'équité. Voici à peu près ce qu'il va dire :

« Il n'y a lieu, pour le vrai public, à une étude spéciale,
« que lorsqu'il s'agit de races distinctes aussi longtemps que
« les traits qui leur sont propres ne se sont pas effacés par
« leur contact avec les populations qui les entourent, ou
« pour les provinces auxquelles la différence des intérêts et
« l'inégalité des civilisations font une position à part. Le
« midi de la France réunit à un haut degré ces deux condi-
« tions. A quelque époque qu'on le considère, on trouve le
« peuple de ces contrées digne d'attirer les regards. M. Fau-
« riel nous l'avait déjà fait voir dans le livre important qu'il
« a consacré à l'histoire de la Gaule méridionale. M. *Mary-*
« *Lafon* nous le montre à son tour dans l'ouvrage dont il
« vient de publier les deux premiers volumes et qu'il nous
« présente comme un acte de réparation et de justice histo-
« rique envers le Midi. Nous ne voudrions pas dire qu'il y
« a eu injustice jusqu'à présent, *mais nous reconnaissons vo-*
« *lontiers que les recherches n'ont peut-être pas toujours eu*
« *une suffisante unité, et nous sommes disposé à admettre*
« *qu'un écrivain qui apporte à l'accomplissement de la tâche*
« *que M. Mary-Lafon s'est donnée l'esprit filial dont il nous*
« *paraît animé envers sa patrie possède l'une des qualités*
« *les plus essentielles à un tel travail.*

« Au reste, ce n'est pas la seule que possède l'auteur ; nous
« avons remarqué de page en page un esprit d'investigation
« très prononcé, et, en plus d'une occasion, ce tact délicat,
« cet esprit critique qui mettent sur la voie des fausses tradi-
« tions historiques, *et qui enseignent à substituer, à la*
« *version copiée servilement de siècle en siècle par les histo-*
« *riens, le fait véritable qui se trouve souvent être le seul*
« *aussi qui puisse cadrer comme il le faut avec ceux dont il*
« *dépend.* Nous aimons à citer, comme un exemple de re-
« cherche patiente et savante, la note relative à la bataille
« que Clovis et Alaric se livrèrent à Vouillé près de Poitiers ;
« il s'agissait de montrer l'origine de l'opinion erronée d'a-

« près laquelle ce combat de trois heures aurait brisé la vaste
« monarchie méridionale qui comprenait l'Italie, l'Espagne
« et la Gaule du sud. *M. Mary-Lafon réunit deux condi-*
« *tions qui souvent semblent s'exclure : il est exact, minu-*
« *tieux même ; il ne fait grâce à ses lecteurs, ni des détails*
« *géographiques, ni des nomenclatures de charges, ni*
« *d'aucune des informations que les hommes de science peu-*
« *vent désirer ; et cependant son récit est animé, peut-être*
« *même trop brillant quelquefois. C'est un érudit qui au*
« *lieu de vous fatiguer vous intéresse.*

« Après l'époque des premiers peuples et celle des Grecs
« vient celle des Romains. M. *Mary-Lafon* montre très bien
« quelle était la politique de ces conquérants à l'égard des
« peuples qu'ils soumettaient à leur empire. Le mouvement
« littéraire du *Midi* n'est pas moins bien décrit par M. *Mary-*
« *Lafon* que ses destinées politiques. L'auteur nous le mon-
« tre toujours associé aux faits. C'est le passage d'Annibal,
« c'est l'introduction du polythéisme latin, c'est le Christia-
« nisme s'emparant à son tour de ces belles contrées ; ce sont
« les invasions des Barbares, c'est l'établissement des Goths,
« enfin, et les querelles de l'arianisme. Nous voudrions pou-
« voir citer *quelques-uns de ces tableaux si complets et si*
« *vrais ; le portrait d'Ausonius, entre autres, qui fut avec*
« *Paulinus le plus grand littérateur du quatrième siècle.* Il
« y a dans cette littérature, quelque pauvre qu'elle soit, des
« voies trop rarement explorées. Nous avons trouvé du
« charme dans bien des citations auxquelles une traduction
« le plus souvent heureuse a conservé une partie de leur
« originalité.

« Voici comment l'auteur caractérise les luttes de l'aria-
« nisme.

(Citation de la p. 297 à la p. 301.)

« Le Code visigoth contient sur la religion et sur les droits
« de ses ministres, diverses dispositions qu'il nous a paru
« intéressant de transcrire...

(Autre citation des p. 301, 302, 303, 304.)

« A mesure que les événements se rapprochent de nous,
« ils semblent nous concerner davantage, et nous nous pro-
« posons d'en suivre les traces dans le livre de M. *Mary-*
« *Lafon;* mais déjà, dans ces temps reculés et dans ces dé-
« bats, auxquels nous sommes plus étrangers, ils nous
« offrent de grandes leçons.

« Nous recommandons en particulier à ce titre, la lecture
« du chapitre intitulé : *Aspect chrétien de la société en*
« **820**, époque de la mort de Charlemagne, à laquelle
« s'arrête le premier volume. On y voit la lutte corps à corps
« entre le catholicisme et le paganisme : le catholicisme s'em-
« parant non-seulement des cœurs, mais aussi des institu-
« tions et des fonctions; les évêques se substituant, sous le
« nom de métropolitains, au vicaire et aux présidents dés
« sept métropoles; leurs clercs occupant partout l'emploi des
« curateurs des bourgs et des campagnes. La paroisse, taillée
« sur le patron de la *curie*. Les temples se transformant en
« basiliques et en églises, les édicules en chapelles, tous les
« symboles païens couverts par des cérémonies chrétiennes. »

(Lutteroth, Semeur du 14 septembre 1842, t. XI, n. 37.)

D'autres, creusant plus consciencieusement encore le sujet
traité, ajouteraient peut-être: « L'œuvre de M. *Mary-Lafon*
nous semble éminemment propre à réveiller une noble
émulation trop longtemps endormie : on tentera assurément
pour les autres grandes fractions de notre grande nation ce
qu'il a tenté pour le Midi. Maintenant, comment M. *Mary-*
Lafon a-t-il rempli sa tâche sous le double rapport de l'érudition et de l'esprit philosophique? *Cet examen est grave:*
nous le commencerons dans un article très prochain avec
toute l'impartialité dont nous sommes susceptible. Il y aurait quelque chose de honteux pour la presse à ne donner à
des travaux de cette nature d'autres encouragements qu'une
dédaigneuse réclame, d'autre louange qu'une approbation
banale ou complaisante. »

(Écho du Monde Savant du 24 décembre 1841.)

« Nous ne ferons aucune observation sur les chapitres où l'auteur résume l'état social, l'état politique et l'état reli gieux de ces temps antiques. Constatons seulement que M. *Mary-Lafon* a su réunir en quelques pages d'un style élégant et rapide, une foule de données dont ailleurs l'exposition remplit quelquefois des volumes.

« Dans ce livre, la conquête romaine est très brièvement racontée, nous le concevons, ce récit se trouve en tant de livres, qu'il était bon peut-être de le raccourcir ici, de se borner aux points culminants. Nous ne ferons donc pas un reproche à M. *Mary-Lafon* de son laconisme, d'autant plus qu'ici comme partout son style facile et ferme tout ensemble entraîne le lecteur.

« Toute la partie de l'histoire ancienne de la Gaule méridionale que nous venons d'examiner ne remplit que soixante-quatre pages ; et pourtant, en un si petit espace, l'auteur a su resserrer tous les faits, toutes les notions essentielles. Que les observations que nous lui avons faites soient justes ou non, elles ne peuvent rien ôter à son mérite, très réel, et nous reconnaissons avec un vif plaisir que M. *Lafon* appartient à cette saine école historique qui n'admet que difficilement les assertions non fondées sur les faits, et se sert avec habileté et sagesse des moyens de critique que la science moderne lui fournit.

Dans un prochain article, nous examinerons comment il a traité l'état de la Gaule méridionale sous les Romains et l'établissement du christianisme dans cette contrée. »

(Idem, 8 décembre 1841.)

« Le train vif et dégagé du récit, l'entente de la scène historique, une riche profusion de couleurs et de portraits. Voilà de quoi assurer la fortune de ce premier volume de l'Histoire du Midi. Un mérite d'un autre genre dont il faut tenir compte encore, c'est que l'auteur a travaillé sur les sources mêmes. Il a vu de près les chroniques méridionales, et souvent il en a tiré bon parti. »

(AMÉDÉE RENÉE, Constitutionnel du 31 décembre 1841.)

« Les historiens diffèrent étrangement dans leurs opinions sur le véritable caractère de cette époque ; Mézerai, Daniel, Boulainvilliers, l'abbé du Bos, Grégoire de Tours dans sa crédulité, le président Hénault dans sa réserve sceptique, n'ont pas pu se mettre d'accord sur Clovis ; ils ne savent s'il fut un conquérant ou s'il fut un politique. Nous devons à un beau et noble travail de l'âge contemporain, à l'*Histoire politique, littéraire et religieuse du Midi de la France,* par M. Mary-Lafon, de doctes et précieux éclaircissements sur ces sombres annales. Cet ouvrage, entrepris avec la patience des chroniqueurs du vieux cloître, est animé par les idées jeunes, poétiques, ardentes, élevées et progressives du citoyen de la France nouvelle. M. Mary-Lafon fait avec zèle et avec talent, pour nos provinces méridionales, ce que Montesquieu a fait pour le genre humain, il retrouve leurs titres. »

(EUGÈNE BRIFFAUT, Temps, 29 septembre 1841.)

« La vie sociale, politique, religieuse et littéraire du Midi, depuis les Celtes et les Ibères jusqu'à nos jours, ses mœurs, ses traditions, ses habitudes publiques et ses pratiques intérieures, sa littérature, son culte, tout se trouve là, recherché avec une admirable patience et une merveilleuse sûreté de tact, retrouvé avec le candide et intelligent bonheur des nobles esprits, rapporté avec une irréprochable exactitude, coloré et vivant. Quel travail de bénédictin, mon Dieu ! et quel courage ! C'est à nous effrayer, nous autres, qui passons notre temps à lire ou à faire de petits feuilletons sur de petits vaudevilles, ou de petites nouvelles amoureuses, ou de mauvais petits vers sur une mouche qui se noie.

« Pour nous, ç'a été une joie véritable et presque une émotion sainte de rencontrer un livre qui nous sortît enfin de ces misères. . . . .

« Remarquez bien qu'ici nous ne vous parlons que des commencements du livre de M. Mary-Lafon, et qu'encore nous n'en détachons que le côté poétique. Comment voulez-vous que nous vous rendions un compte, même succinct.

d'un ouvrage qui embrasse ainsi des siècles et des nations, sous tous leurs aspects extérieurs et dans toutes les profondeurs de leur vie intime?

« Nous ne terminerons pas ce premier article sans faire une observation qui nous paraît essentielle : M. Mary-Lafon, qui peut être regardé dès ce jour comme un historien de premier ordre, était déjà un de nos philologues les plus estimés. Nous insistons sur ce point, parce que la connaissance radicale des langues dans leurs rapports entre elles et l'art étymologique, nous semblent deux conditions indispensables pour qui écrit l'histoire. D'autres ont voulu se passer de ces deux sciences préliminaires, et leurs travaux, quelque mérite qu'ils aient d'ailleurs et quelque succès que leur aient valu certaines parties traitées avec talent, ne seront jamais que des essais plus ou moins malheureux. En un tel sujet, les tâtonnements sont une faute et les suppositions sont un crime. Or, pour qui ne connaît pas les éléments de la philologie comparée, l'histoire, et l'histoire de France surtout, ne peut être qu'une suite d'erreurs, ou, ce qui ne vaut guère mieux, un arrangement arbitraire et inconstant. Comment, en effet, éclaircir l'origine des nations et d'autres points obscurs par leur antiquité, si l'étymologie ne vient en aide à l'historien? Cette science a été pour M. Mary-Lafon un infaillible guide. Une autre application de l'intelligence, qu'on pourrait appeler la biblionomie, lui a été également d'un grand secours. Il a minutieusement lu tous les écrits publiés sur son sujet et colligé avec un soin infatigable tous les matériaux inédits ; il les a classés et médités attentivement ; il a fouillé tous les coins et tous les recoins, traduit de toutes les langues, épelé des manuscrits presque illisibles, cherché au loin la fin d'un texte dont il n'avait trouvé ici que le commencement, déchiffré des notes indéchiffrables, épluché des mots, interprété des signes, lu des médailles et des pierres, et il s'est mis à l'œuvre après tout cela. On peut donc être sûr qu'après son *Histoire du Midi* il n'y en aura plus d'autres à lire.

« Nous ne voulons pas vous parler des hautes leçons phi-
losophiques qui ressortent tout naturellement de l'ouvrage
de M. Mary-Lafon. L'enseignement marche avec le récit, et,
comme il est présenté avec la tolérance qui est le propre des
esprits supérieurs, il est d'un effet irrésistible. C'est ainsi
qu'avec la cendre des générations mortes on fertilise le monde
où s'agitent les générations vivantes.

« Le style de l'auteur est toujours correct et toujours pur ;
vif et ému dans le récit des batailles, précis dans l'analyse,
ferme dans l'appréciation des mœurs, pittoresque quand il
décrit, poétique et passionné quand il chante avec les nations reconquises sur l'oubli de vingt siècles, calme et droit
quand il argumente, énergique ou contenu suivant qu'il
convient, élevé selon le sujet qu'il traite, et en plus d'un
endroit très éloquent.

« L'*Histoire du Midi de la France* est, comme on voit, un
des livres les plus remarquables qui aient paru de notre
temps, et les illustres suffrages qui ont déjà accueilli sa pu-
blication, non terminée encore, sont une infaillible garantie
de l'immense succès qui l'attend. Ne pas encourager des travaux qui prennent toute la vie d'un homme, ce serait une
ingratitude dangereuse, et l'exemple ne nous en sera point
donné. »

(EUGÈNE L'HÉRITIER, Revue du Havre, 12 novembre 1841.)

Or, maintenant, voici tout ce que M. Vitet, parlant au nom
d'un corps savant, dont les arrêts furent toujours délibérés
avec sagesse et formulés en termes graves, juge à propos de
dire de ce volume :

« Un des concurrents a entrepris d'écrire l'*Histoire du*
« *Midi de la France ;* ouvrage d'une lecture agréable et
« facile, bien que le style ne soit pas toujours exempt d'une
« certaine prétention. »

Un rapporteur sérieux pourrait s'exprimer ainsi sur le
tome suivant :

« Nous n'avons pas d'histoire de France, a dit quelque part

avec justesse M. Augustin Thierry. D'où cela vient-il? de ce que les écrivains, qui se sont jusqu'à ce jour imposé la lourde tâche de coordonner nos annales, ont procédé à leur œuvre sans posséder les matériaux suffisants. Tant que nos anciennes provinces n'auront pas été fouillées en tout sens, tant que nous n'aurons pas une histoire particulière et détaillée de chacune d'elles ; on pourra écrire des livres où certaines parties de la France joueront un rôle considérable, mais une histoire de France, une histoire générale et complète, on ne l'aura jamais. »

« C'est cette pensée toute nationale qui a déterminé M. *Mary-Lafon* à composer son *Histoire du Midi de la France*. En attendant que l'exemple soit suivi, il convient d'encourager hautement cette nature de travail. Dans les deux premiers volumes de son *Histoire du Midi de la France* qui embrassent un espace de plus de vingt-sept siècles, puisqu'ils vont de l'irruption de Phéniciens en Aquitaine jusqu'à la sanglante croisade contre les Albigeois ; dans ces premiers volumes, M. *Mary-Lafon* a fait preuve d'une patience et d'une sagacité extrêmes, *confrontant les vieux textes, dépouillant les manuscrits oubliés ou négligés, rectifiant les unes par les autres je ne sais combien d'opinions et des conjectures différentes ; frappant à la fois, dans sa marche prudente et sage, sur la philologie, sur la biblionomie, sur les traditions populaires, et soumettant enfin toutes ces investigations préparatoires au contrôle d'une judicieuse et saine philosophie...* Ce qui peut pécher dans l'*Histoire du Midi de la France,* au point de vue de la proportion et de l'équilibre, est largement racheté par la lumineuse sagacité des aperçus, par la variété des recherches, par la profusion des faits. Tous les éléments constitutifs de la vieille civilisation méridionale dans ses diverses phases, M. *Mary-Lafon* les a décomposés et étudiés avec une minutieuse vigilance : *religion, littérature, législation, organisation municipale, mœurs privées et publiques, il n'a rien omis.* Aussi peut-on hardiment prédire que, si les deux derniers volumes de l'*His-*

toire du Midi de la France sont exécutés dans le même esprit et avec le même style *correct et ferme* que les deux premiers, ce livre sera infailliblement rangé parmi les monuments historiques les plus utiles et les plus curieux. »

(J. Chaudes-Aigues, *Revue de Paris*, t. xv, 4ᵉ série. 5 mars 1841.)

Ce rapporteur serait appuyé par les critiques éclairés et impartiaux du *National, des Débats,* de *l'Artiste,* du *Semeur,* assurant après examen :

L'un (Forgues, *National* du 1ᵉʳ septembre 1842), « que M. *Mary-Lafon* a traité avec amour, conscience et talent un sujet curieux, et que ses remarques sur la littérature et les mœurs de chaque époque, qui tiennent une fort grande place dans son livre, abondent en détails intéressants et en documents précieux; »

L'autre (X. Raymond, *Débats* du 5 décembre 1841) « que, si les volumes suivants étaient traités avec la même conscience et le même bonheur, cet ouvrage prendrait place à côté des œuvres d'élite de MM. Guizot, Thierry et de Barante; »

Le troisième (F. Ducuing, *l'Artiste*, t. II, 17ᵉ livraison) « que, dans le second volume de l'*Histoire du Midi,* l'auteur lui semble encore avoir agrandi sa manière et mieux éclairé son plan; »

Le quatrième (H. Lutteroth, *Semeur* du 21 septembre 1842) « que toute cette époque (la féodalité), lui paraît avoir été étudiée, par M. *Mary-Lafon,* avec une sorte de prédilection, qu'il y a découvert une tendance plus généreuse que celle que lui attribuent la plupart des historiens, et que ses sympathies en ont reçu un véritable élan; »

Et le dernier (Philarète Chasles, *Débats* du 2 août 1843) « que M. *Mary-Lafon,* dans cet ouvrage si justement honoré d'une récompense à l'Académie Française, a dompté avec bonheur sa vivacité naturelle par une érudition persévérante et sagace. »

Mais M. Vitet, interprète de la classe aux études sévères par excellence, y met beaucoup moins de façons et juge ce volume dans une seule phrase dont je vous abandonne l'ap-

préciation. « L'auteur entremêle habilement à ses récits des
« fragments d'anciennes poésies méridionales et de nom-
« breuses citations, souvent piquantes, mais qui ne suffisent
« pas pour donner à son livre le caractère d'une œuvre
« d'érudition. »

Je pourrais, Monsieur, m'arrêter peut-être un instant
pour demander à votre rapporteur qui, je me hâte de le re-
connaître, a le droit d'être difficile, quel est le volume
d'histoire de France où se trouvent l'histoire intime de la
féodalité, le tableau mal esquissé jusqu'à ce jour des guerres
anglaises au treizième siècle, celui plus complet des croi-
sades et tous les fruits d'or de la muse des troubadours?
Mais j'aime mieux croire à un examen insuffisant, et je
poursuis.

Après avoir, un peu trop vite à mon avis, jugé sans appel
dans huit lignes ces mille pages qui ont dû coûter selon ses
propres *expressions de si nombreuses recherches*, M. Vitet
passe tout à coup au troisième volume et me reproche amè-
rement mon enthousiasme pour quelques-unes *de nos plus
belles provinces*. A l'entendre, je ne me suis pas contenté de
faire l'apologie de la France du midi, mais j'ai semblé vouloir instruire le procès de la France du nord, en insinuant
que depuis Clovis jusqu'à Charles VII il y a eu oppression,
misère, bravoure malheureuse au-delà de la Loire, perfidie,
violence, injuste fortune en-deçà.

J'en demande bien pardon à M. Vitet, mais cette conclu-
sion vient de lui, de lui seul, et s'il la tire de mon histoire,
c'est qu'elle découle souvent des faits que je suis bien forcé
de rapporter, et en présence desquels le système contraire
serait embarrassant. Faudrait-il admettre, par exemple, que
les ravages des leudes de Theudrich qui exterminaient et dé-
truisaient tout [1], que ceux de Chilpérich qui couvrit la Tou-
raine de sang et de ruines, et n'y laissa pas même *une tête*

<hr>

(1) « His diebus Theodoricus ingressus arvernum terminum *omnia*

de bétail[1], que les invasions sauvages de Charles-Martel, qui dévasta l'ancienne Narbonnaise et mit le feu à nos plus belles villes[2], que la croisade des Bourdonniers qui fit pourrir quatre cent mille cadavres dans les champs de Languedoc, que la fureur sans frein[3] des ribauds de Charles de Valois en Guienne n'était pas de la *violence!*

Pourrait-on croire que l'assassinat de Waïffar par les ordres de Pepin[4], celui du vicomte de Béziers par les ordres de Montfort, les massacres périodiques des Juifs, dont on volait l'argent, le procès des Templiers, le guet-apens infâme, commis au mépris de la foi jurée sur le dernier comte d'Armagnac, n'était pas de la *perfidie!*

Qu'un pays sur lequel est tombé successivement le poids de douze invasions, et qui après avoir été baigné sans interruption pendant quatorze siècles du sang de ses enfants, victimes nées des guerres féodales et de la guerre étrangère, un pays dévasté sans cesse par ses envahisseurs, pillé par ses maîtres, et où sévissaient presque constamment la peste et la famine, n'a été ni *misérable, ni opprimé, ni malheureux!*

Et qu'enfin la fortune qui a couronné toutes ces horreurs est *juste et légitime!*

Non sans doute, personne ne saurait admettre de semblables choses, et cependant telles sont les conséquences logiques du rapport de M. Vitet, tant il est vrai qu'un examen superficiel suffit pour égarer le meilleur jugement. J'ai eu le regret de trouver une nouvelle preuve de cette vieille vérité

---

exterminabat, cuncta devastabat. » (GREGORII TURON., Hist., lib. III, p. 101, *Vita S. Portiani, abbatis.*)

(1) GREGORII TURON., Histor., lib. VI, p. 277.

(2) « Franci triumphantes de hostibus prædam magnam et spolia capiunt captâ multitudine captivorum *regionem gothicam depopulantur, urbes famosissimas Nemasum, Agathem* his in terris *funditùs destruens* igne supposito cremavit, suburbana et Castra illius regionis *vastavit* (*Appendix*, Hist. Francorum, p. 76).

(3) Voir *la Branche des royaux lignages.*

(4) « *Consilio regis factum,* Waifarius princeps Aquitaniæ à suis interfectus est. » (FREDEGARII, continuator, Ado *Chronic.*, n. 805.)

dans le rapport fait à l'Académie. Toujours sous l'influence de la même erreur, M. Vitet n'a pas hésité à m'accuser d'avoir pris parti pour les Anglais en retraçant les grandes luttes du quatorzième siècle. Cette imputation est même devenue le point culminant de ce que, sans blesser la vérité, l'on peut appeler une *véritable agression*. A ce titre elle me semble demander une explication précise et une réponse catégorique.

Je vais tâcher de formuler nettement l'une et l'autre.

Dans ma conviction la plus profonde, comme dans celle de tout homme sérieux, l'écrivain qui entreprend de retracer les temps écoulés, doit faire abstraction complète du temps où il vit et se renfermer exclusivement dans le passé dont il parle, pour en reproduire, avec une vérité inaltérable, les événements, les idées et les passions. On n'est historien, on n'est digne de cette mission sainte, de ce noble et beau sacerdoce, qu'autant que, devenu sourd aux bruits du présent, on n'écoute et on ne répète que les rumeurs lointaines des générations qu'on fait revivre. Voilà pourquoi je n'ai jamais voulu faire mentir les morts, voilà pourquoi les murmures de ces esprits courts qui jugent les hommes du quinzième siècle avec les idées du dix-neuvième, m'ont toujours laissé indifférent; voilà pourquoi celui qui, dans toutes les grandes réunions politiques qu'il a eu l'honneur de présider, dans les journaux où il a écrit, dans le collége où il s'est présenté, se déclarait énergiquement anti-anglais, a été impartial et juste envers l'Angleterre du quatorzième siècle, parce que l'Angleterre du quatorzième siècle était différemment jugée par les peuplades de la Guienne. N'est-ce pas là le devoir de tout écrivain de conscience? Et ne vaut-il pas mieux agir ainsi que de suivre la marche contraire? Car, nous sommes loin heureusement des allusions politiques; mais que ne penserait-on pas d'un homme qui, ennemi inexorable des Anglais d'autrefois, serait comme idolâtre des Anglais d'aujourd'hui rivaux de notre gloire, de nos intérêts et de notre honneur?...

A cette occasion, contre ses habitudes bien connues de loyauté, M. Vitet exagère la tendance favorable qu'il me suppose pour les Anglais d'autrefois, et laisse entendre que j'ai présenté la population méridionale *tout entière comme éprise de ses vainqueurs.* Je regrette vivement, Monsieur, que les nombreuses occupations de votre honorable collègue ne lui aient pas permis de lire tout l'ouvrage dont il rendait compte ; car il aurait vu, dès les premières pages du deuxième volume, que je n'ai parlé, dans ce cas, et n'ai pu parler que des populations soumises aux Anglais comme celles de la Saintonge, de la Guienne, du Poitou et d'une partie de la Gascogne. Maintenant, ce que j'ai dit quelquefois des sentiments de ces populations à cette époque est incontestable. Tel n'est point l'avis de M. Vitet qui affirme, qu'en ouvrant Froissart, j'aurais vu que, de son temps du moins, leurs vœux étaient défavorables aux Anglais, et à l'appui de cette opinion il cite un propos attribué par notre auteur à quelques chevaliers d'Angleterre disant au prince de Galles :

« Monseigneur, vous ne connaissez pas les Gascons, ils
« nous aiment peu. »

Et cette réflexion du même chroniqueur, racontant les prédications de l'archevêque de Toulouse dans le Quercy :

« Les gens qui l'oyoient parler, le croyoient du tout : et
« aussi de nature et de volonté ils étoient trop plus François
« qu'ils n'étoient Anglois, qui bien aidoit à la besogne. »

Permettez-moi, Monsieur, de répondre à votre rapporteur que s'il avait ouvert lui-même l'auteur des chroniques et ne s'était pas trop exclusivement confié au zèle de quelque érudit officieux, il n'aurait pas fait cette citation. *Multa sunt quœ sola prolata calumniâ possunt videri obnoxia. Cujavis oratio insimulari potest si ea quœ ex prioribus nexa sunt principio sui defraudentur, si quœdam ex ordine scriptorum ad libidinem supprimantur, si quœ simulationis causâ dicta sunt adseverantis pronunciatione quam exprobrantis legantur* [1].

(1) Apulæi, *Apologia.*

Bayle dit que ces paroles sont dignes d'être gravées en lettres d'or pour étonner, s'il est possible, ceux qui en tous pays et en tout siècle se servent de semblables infidélités. Jugez, Monsieur, si Bayle aurait tort aujourd'hui. Voici les phrases de Froissart, non plus mutilées, non plus séparées de leurs prémisses, mais telles qu'elles existent dans le texte. A l'occasion d'un démêlé survenu entre le prince de Galles et le sire d'Albret, auquel on manquait de parole pour une affaire d'argent, celui-ci avait écrit une lettre un peu fière. « Le prince de Galles la tenoit à moult présomptueuse comme aucuns de son conseil, adoncques lorsqu'il crolloit la tête aucuns chevaliers d'Angleterre qui là estoient dirent : « Monseigneur, vous connoissés petitement la pensée des Gascons et comme ils s'outrecuident et nous aiment peu, et peu ont aimé du temps passé. Ne vous souvient-il plus comment grandement ils se vouloient jadis porter encontre vous en la cité de Bordeaux, quand le roi Jehan de France y fut premièrement amené? Ils disoyent et maintenoyent tout notoirement *que par eux et leur emprise aviez fait le voyage et pris le roy de France.* »

(Chap. 235.)

Voilà pourquoi *les Gascons aimaient peu les Anglais.* De bonne foi, est-il possible d'attribuer à l'expression de cette jalouse rivalité, de cette petite rancune de l'amour-propre anglais contre l'amour-propre gascon, le sens que lui donnait la citation tronquée de M. Vitet?

Il en est de même pour la seconde phrase :

« En ce temps, dit Froissart, tenoient les champs, le comte de Périgord, le comte de Comminge, le comte de l'Isle, le vicomte de Carmaing, le vicomte de Bruniquel, le vicomte de Talard, les sires de la Barthe, d'Albret, de Puycornet, le petit Meschin, le Bourg de Breteuil, d'Ortigue, Jacquet de Bray, Perrot de Savoie et Arnaudon, et estoient ces gens d'armes parmi les compaignons *dix mille hommes combattans.* Si entrérent par le commandement du duc d'Anjou en Quercy, *moult efforcément et mirent le païs en grande tribulation et ardirent et exilèrent le païs.* »

(Chap. 257.)

« Et tandis que les gens d'armes françois se tenoient ainsi en Quercy sur les marches du Limosin et d'Auvergne, le duc de Berry estoit en autre part en Auvergne, là où il tenoit grand nombre de gens-d'armes, tels que messire Jehan d'Armignac, son serouge, Monseigneur Jehan de Villemur et messire Hugues, Dauphin, avec grand'foison de bons chevaliers et gens d'armes, et courroyent par les marches de Rouergue, de Quercy et de Limosin, *et appourissoyent, dommageoyent et honnissoyent fort le païs où ils couroyent, nul ne duroit devant eux.* Encore advint-il pour lors par l'admonestement de monseigneur le duc de Berry, pendant que ses gens tenoient les champs en Quercy·et en Rouergue, que le duc d'Anjou fit partir de Toulouze celuy qui en estoit archevesque, et le fit aller vers la cité de Cahors, dont son frère estoit evesque. Ledit archevesque prêcha tellement, et par si bonne manière la querelle du roy de France, que ladite cité de Cahors se tourna françoise.... »

Ne pensez-vous pas, Monsieur, que ces dix mille hommes qui mettoient le pays en *grande tribulation et moult efforcément l'ardissoient et exiloient d'un côté, tandis que le duc de Berry l'appourissoit, dommageoit et honnissoit si fort de l'autre,* devaient seconder le prédicateur de l'archevêque de Toulouse et bien aider à la besogne?

Il est vrai que Froissart est beaucoup plus explicite en d'autres endroits :

« Ces chevauchées, dit-il ailleurs, se désrompirent, car le
« prince s'en retourna à Bordeaux et donna une partie de
« ses gens d'armes congé et spéciallement les Gascons, pour
« aller visiter les villes et leurs maisons. Mais si leur disoit
« bien au partir que à l'été qui revenoit il les meneroit un
« autre chemin en France, où ils feroient plus grandement
« leur profit, *et les Gascons étaient tous confortés de faire*

« *le commandement du prince et d'aller partout où il les*
« *vouldroit mener.*

(19ᵉ addition)

« Et singlèrent tant au vent et aux étoiles qu'ils arrivè-
rent au havre de Bayonne, une bonne cité, qui toudis s'est
tenue angloise, et furent *lièment reçus et recueillis des bourgeois....*

« Et allèrent ceux de Bordeaux à grant procession contre
ledit comte de Derby, tant *aimoient-ils sa venue.*

(Chap. 226.)

« Cils, barons et chevaliers dessus nommés, singlèrent tant
par mer que ils ancrèrent au havre de Bordeaux, si issirent
de leurs vaisseaux sur le kay, et *furent grandement bien
reçus des bourgeois de la cité et des chevaliers gascons qui
là estoient, et sitôt qu'ils surent la flotte des Anglois venue,
ils se traïrent cette part et se conjoïrent grandement quand
ils se trouvèrent tous ensemble....* »

(Frag. restitué, édit. BUCHON, 6ᵉ add.)

Ces citations suffiront, je pense, pour donner à **M. Vitet**
le regret d'avoir été moins heureux que l'auteur de l'*Histoire du Midi* qui a pu consacrer des années à la lecture de
Froissart, et rectifier même, d'après les manuscrits et l'examen des lieux, quelques erreurs assez graves; mais s'il eût
ouvert le troisième volume, il y aurait trouvé des autorités
non moins imposantes.

Monstrelet qui ne saurait être suspect lui eût appris :

« Qu'on disoit lors communement que ceux du païs de
Bordelois s'estoient *voulentiers* rendus aux Anglois pour le
grand deplaisir qu'ils prenoient en ce que le roy depuis sa
conquête avoit assis où païs grand'tailles et grants subsides,
et si les traitoient les gens *du roy trop plus durement qu'ils
n'avoient accoutumé estre traictés des Anglois...* »

(*Chronique de Monstrelet*, vol. III, p. 55.)

Je n'ai donc fait que répéter l'opinion des contemporains,

et je ne peux même m'attribuer le mérite de l'avoir produite le premier, car elle a été émise longtemps avant moi par deux de nos plus illustres historiens MM. Amédée Thierry [1] et de Barante [2].

Qu'il me soit d'ailleurs permis de le dire, cette inculpation était d'autant plus hasardée que toutes les fois que j'ai eu à faire, non plus un récit *où nul n'aurait le droit de dénaturer les faits,* mais une appréciation qui rentre dans les attributions spéciales de l'historien, j'ai montré peu d'indulgence pour les Anglais. N'est-ce pas moi qui ai écrit, en racontant les courses du fameux prince Noir :...

« La France fut attaquée en même temps au midi et au nord avec toute la barbarie du quatorzième siècle. Pendant qu'Edward désolait la Picardie, le prince de Galles, son fils aîné, passa, avec sa sombre armure, sur les sénéchaussées franco-languedociennes, *comme le démon de l'incendie et du ravage. Plus cruel que la peste,* tout ce que le fléau avait épargné, dans sa rage aveugle il le mit à feu et à sang. »

(T. III, p. 158.)

Lisez encore, Monsieur, ces lignes du second volume :

« Ainsi périt Richard Cœur-de-Lion, type de toutes les vertus et de tous les vices de son siècle ; mélange brutal d'orgueil et de bonté, de générosité et d'avarice, de courage porté jusqu'à la folie et d'abandon poussé jusqu'à la faiblesse. Par l'éclat que réfléchissaient sur lui ses qualités brillantes, Richard avait d'abord ému d'admiration ses contemporains : et par l'ombre épaisse dont l'entouraient ses nombreux défauts, il s'était ensuite attiré leur haine. Rien ne peindrait plus éloquemment, du reste, le néant de ces grandeurs royales que la fin de cet illustre champion de la chrétienté, qui, après avoir battu Saladin, et avoir rempli du bruit de

---

(1) *Résumé de l'Histoire de la Guienne.*
(2) *Histoire des Ducs de Bourgogne,* t. VIII, p. 36.

son nom l'Europe et l'Orient, vint, tout couronné des poétiques palmes de Solime, tomber sans gloire, sous la flèche
d'un enfant, au pied d'une mauvaise tour du Limousin. Il
est vrai que la main de la fortune s'appesantit cruellement
sur sa maison. Comme si Dieu eût voulu leur faire payer
cette élévation extraordinaire, les trois premiers Plantage-
nets moururent, avant le temps, dans le délire et dans le
désespoir. *Leurs quarante-huit années de règne n'en furent
pas moins fatales à l'Aquitaine. La malheureuse fécondité
d'Aliénor n'en légua pas moins à notre patrie trois siècles
de deuil et de misères.* »

(T. II, p. 271.)

Et ce passage du tome suivant, à propos du traité de
Brétigny :

« Cette convention funeste fut accueillie dans *toute la
langue occitane, par un concert unanime de malédictions*
et causa une émotion extraordinaire dans les pays cédés.
Plus de mille cités et villages protestèrent dans les termes
les plus énergiques, *et comme l'on ne change pas d'un
trait de plume les idées des peuples, et que ceux des contrées méridionales se voyaient pour ainsi dire dénationa-
liser une seconde fois en passant sous la domination
anglaise*, ils résistèrent partout avec force, et l'un des signa-
taires du traité, Jean de Boucicault, fut forcé de venir, les
lettres-patentes du roi à la main, mettre en possession l'Angleterre. »

Est-ce là, je vous le demande, Monsieur, *vouloir prouver
que la population méridionale tout entière était comme idolâtre de ses vainqueurs :*

(Page 55 du Rapport.)

Et n'y a-t-il pas eu, involontairement j'en suis persuadé,
de la part de votre rapporteur, une de ces méprises qui font
dire et croire tout le contraire de la vérité?

Il serait vraiment impossible de ne pas se prononcer pour
l'affirmative, en voyant avec quelle facilité M. Vitet s'égare

à mesure qu'il avance dans cette fausse route. Un peu plus loin, il prétend, en effet, que je me suis obstiné à ne point voir ce grand mouvement national qui éclate au Midi tout aussi bien qu'au Nord, et rend à Charles VII sa couronne. Or, j'ai consacré cinquante pages à exprimer le contraire, en signalant la part immense prise à cette restauration par les contrées méridionales. J'ai même, à ce sujet, insisté longuement sur les trois causes capitales, *par rapport au Midi*, du triomphe de Charles VII, qui furent :

Les 400,000 livres de subsides fournis par les états-généraux de la Langue d'Oc pour faire lever le siége d'Orléans.

La défection du comte de Foix, qui tourna tout à coup sa grande influence contre les Anglais et devint l'allié fidèle de la France ; l'incapacité et les fautes du duc de Bedford, qui, heureusement pour notre future nationalité, ne sut ni conserver les amis de l'Angleterre ni combattre à propos ses ennemis.

Quant à la Pucelle, dont nos pères ne pouvaient connaître que vaguement le nom et les prodiges, si même ils en entendirent parler avant ces événements, son influence fut nulle par rapport au Midi. Voilà ce que j'ai énoncé dans une note de deux lignes qui n'appartient point au récit, qui ne contient qu'une allusion à un ouvrage dont je n'approuve ni le fonds ni la forme, et que M. Vitet a insérée dans son rapport, sans s'apercevoir qu'en la donnant tronquée, isolée et comme lambeau du texte, il défigurait complétement ma pensée.

Telles sont, Monsieur le Président, les explications que j'ai cru devoir donner à l'Académie des Inscriptions et Belles-Lettres. En lui soumettant un travail préparé avec maturité et conscience, je comptais sur un examen équitable et impartial, et j'étais en droit de l'attendre de l'habileté du rapporteur si, moins accablé d'occupations nombreuses et de soins multipliés, il avait eu le temps de lire mon ouvrage. Malheureusement il n'a pu que le feuilleter au hasard [1], et

(1) M. Vitet l'a avoué plus franchement que je n'aurais osé le dire, en imprimant dans son rapport (p. 55 du compte-rendu de la séance publique

il me paraît dès lors tout simple qu'après s'être trompé lui-
même il ait surpris de bonne foi la religion de l'Académie.
C'est cette erreur d'appréciation que j'avais à cœur de montrer, et sur laquelle j'aurais cru pouvoir appeler la lumière
dans l'intérêt de la vérité et des droits sacrés de l'écrivain,
quand bien même il n'aurait pas été question des travaux
de toute ma vie.

Agréez, Monsieur le Président, l'assurance de mon pro-
fond respect.

MARY-LAFON.

du 11 août dernier) que mon récit s'arrête à Charles VII. Or, ce récit
va jusqu'à la Saint-Barthélemy, et il est peu probable, s'il eût ouvert
l'ouvrage, qu'il se fût trompé *de deux cent cinquante pages et de cent vingt-
deux ans.*